AF440336

HENRI V

SA VIE ET SES PRINCIPAUX ÉCRITS

PAR

UN PARTISAN DU DROIT NATIONAL.

PRIX : UN FRANC.

Se vend au profit d'une Bonne Œuvre royaliste.

MARSEILLE

TYPOGRAPHIE MARIUS OLIVE

RUE SAINTE, 39.

1874.

Enfant du peuple, je soutiens la cause populaire. Dans les temps pénibles que nous traversons, tout homme qui peut tenir une plume doit en faire un flambeau et une épée : un flambeau, pour éclairer ses frères égarés par de fausses doctrines ; une épée, pour châtier au besoin les meneurs et les intrigants qui sont la cause de nos malheurs.

Mon esprit est entièrement indépendant. Si j'entreprends de défendre la cause de la Legitimité, c'est par conviction et non par intérêt. Comme Français dévoué, avant tout, à mon pays, je veux faire connaître un homme honnête, capable de ramener la prospérité dans notre patrie bien-aimée.

Les anciens disaient : « Malheur aux vaincus » ; c'était anti-logique et contre la raison. Aujourd'hui on doit dire : « Honneur aux vaincus » ; surtout, lorsque les vaincus représentent le Droit, la Justice et l'Honnêteté.

Notre pays traverse une crise pénible. Il s'agit pour nous de savoir si la France deviendra encore la première nation du monde, ou si nous descendrons au rang de puissance insigni-fiante. Français ! nos ennemis nous contemplent. L'Allemand avide est-là qui épie nos moindres actions, il convoite nos mil-liards. L'Italien cherche le moment favorable pour se ruer sur nous. L'Europe assiste avec joie à toutes nos fautes.

Soyons unis, que des préjugés ne nous séparent plus. Sachons que c'est le peuple surtout qui, par les impôts, paye les fautes du pays.

Appelons à la tête de la Nation CELUI qui veut *Tout par la France et pour la France*, et dont la gloire du passé nous garantit le bonheur dans l'avenir.

Peuple ! ne te laisse plus conduire par des intrigants, connais les hommes qui sont dignes d'être au Pouvoir.

Le 13 février 1820, un grand crime fut commis. La France fut dans le deuil. La Révolution parut troublée à la vue de ce forfait, et le mot de *crime isolé* fut soudain hasardé. Que cette question reste pour nous où la justice humaine l'a laissée. Si le crime de Louvel fut *isolé*, si aucun homme ne lui désigna la victime, c'est un mystère.

Lorsque cet infâme assassinait le Duc de Berri, il croyait anéantir cette race qui a fait la France si forte, si puissante et si heureuse. Mais Louvel avait compté sans la Providence. La race aînée des Bourbons ne devait pas encore s'éteindre. Avant de rendre le dernier soupir dans la loge de l'Opéra, le Duc de Berri avait dit à la Duchesse : « Madame, ménagez-vous pour l'enfant que vous portez dans votre sein ».

La Providence ne pouvait permettre que la couronne de France fût ceinte, par *droit légitime*, par le fils de Philippe-Egalité, qui avait voté la mort de Louis XVI.

Le 29 septembre 1820, naissait Henri-Charles-Ferdinand-Marie-Dieudonné d'Artois, duc de Bordeaux, comte de Chambord, chef actuel de la branche aînée des Bourbons.

Le corps diplomatique, félicitant Louis XVIII, par l'organe du Nonce du Pape, faisait entendre ces paroles prophétiques : « Sire, cet enfant de douleurs, de souvenirs et de regrets, est aussi *l'Enfant de l'Europe*, il est le principe, le garant de la paix et du repos qui doivent suivre tant d'agitations. »

Les libéraux et les partisans de la branche cadette virent leurs plans déjoués par la naissance de cet enfant.

On ne peut rien lire de plus odieux que ce qui se rapporte aux propos et à la conduite de Louis-Philippe et de Madame Adélaïde, au sujet de la naissance du Duc de Bordeaux. L'apostrophe insultante de Madame Athalin à la Duchesse de Berri, celle non moins injurieuse et non moins dégradante de Louis-Philippe en présence de Madame de Gontaut, l'ignoble soupçon manifesté au maréchal Suchet par le fils de Philippe-Egalité, les articles infâmes publiés dans le *Morning-Chronicle*, tout cela porte un triste cachet.

Si j'avais été roi de France, les d'Orléans, à cette époque, auraient senti l'implacable vigueur de mon bras. Il n'en serait plus question depuis longtemps, et bien des malheurs auraient été épargnés à notre pays. Une souscription nationale donna à Henri V, en 1821, le château de Chambord.

Il est un fait incontestable, c'est que lorsque la Providence a des vues particulières sur un homme, elle l'éprouve par le malheur. Nul homme ne peut savoir ce qu'il est et ce dont il est capable, s'il n'a pas été en butte à l'infortune.

Arrive 1830, date néfaste dans les annales de notre pays. Pour épargner le sang français et quand il pouvait écraser dix fois la rebellion, Charles X et son fils abdiquent en faveur du duc de Bordeaux, sous la lieutenance générale de Louis-Philippe. Chacun sait le cas que Louis-Philippe a fait de cette double abdication et comment il a fait conduire sur une terre étrangère, par l'amiral d'Urville, ces trois générations de rois légitimes, avec ordre de *couler* le vaisseau si l'on faisait une tentative pour revenir sur les côtes de France.

En même temps, le 31 juillet 1830, Louis-Philippe, avec un cynisme hypocrite, écrivait la lettre suivante à Charles X, en s'appelant *fidèle sujet* :

Palais-Royal.

M. de *** dira à Votre Majesté comment l'on m'a amené ici par force j'ignore jusqu'à qu'à quel point ces gens pourront user de violence à mon égard ; mais si dans cet affreux désordre, il arrivait que l'on m'imposât un titre auquel je n'ai jamais aspiré, que Votre Majesté soit bien persuadée que je n'envierai toute espèce de pouvoir que *temporairement et dans le seul intérêt de notre Maison*.

J'en prends ici l'engagement formel envers Votre Majesté. Ma famille partage mes sentiments à cet égard.

Quelle indignité ! Et puis l'on osera affirmer qu'en 1830 le trône était vacant.

Qu'on lise le *Moniteur* du 6 août 1830, et on verra comment le lieutenant général, nommé pour soutenir les droits d'un orphelin, s'est chargé lui-même de *faire cette vacance* en lançant les bandes insurgées sur Rambouillet, afin de forcer la famille royale à quitter le territoire français.

On ose parler de *volonté nationale* ; de grâce, n'excitons pas le rire. Où avaient-ils puisé leurs mandats constituants ces 219 députés qui formèrent le gouvernement de 1830? Ces 219 traîtres avaient prêté serment à leur roi, à la charte et au pays. Il n'y a point eu de nation consultée ; il n'y a point eu de volonté nationale exprimée, il n'y a eu qu'une faction s'imposant au pays par surprise, par ruse et par crime.

Quand on écrit l'histoire, on ne peut l'écrire qu'à la condition d'être dans la vérité.

Obligé de prendre le chemin de l'exil, comme nous venons de le raconter, le comte de Chambord habita successivement Lulworth et Holy-Rood, en Ecosse, Prague et Goritz. C'est dans cette dernière ville que le comte de Chambord eut la douleur de perdre Charles X, le 6 novembre 1836.

De là il visita Venise, Trieste, Mantoue et les provinces de l'Empire d'Autriche.

En 1840, il se trouvait à Vérone, pour assister aux grandes manœuvres de l'armée autrichienne.

Le 28 juillet, pendant une promenade à cheval aux environs de Kirchberg, il eut, à la suite d'une chute malheureuse, la cuisse gauche fracturée. Par suite de cet accident, le comte de Chambord est resté boîteux.

Après plusieurs autres excursions dans la Saxe, la Prusse et la Grande-Bretagne, il fixa sa résidence, en 1843, à Belgrave-Square, à Londres.

Ce fut là que commencèrent les débuts politiques d'Henri V.

Belgrave-Square devint le but d'un pèlerinage qui eut un immense retentissement. Les légitimistes qui faisaient partie de la chambre des députés, un grand nombre de notabilités royalistes, et trois ou quatre mille fidèles, porteurs d'adresses, se rendirent à Londres, ayant à leur tête MM. de Chateaubriand et Berryer.

Le comte de Chambord les reçut en roi. A leur retour, les députés légitimistes furent *flétris* par la chambre des députés, et on qualifia leur pèlerinage de «coupable manifestation». Ils donnèrent leur démission et furent réélus à une grande majorité par leurs électeurs.

Au moment de retourner en France, Chateaubriand reçut du prince cette magnifique lettre :

Londres, le 4 décembre 1843.

Monsieur le vicomte de Chateaubriand, au moment où je vais avoir le chagrin de me séparer de vous, je veux vous parler encore de toute ma reconnaissance pour la visite que vous êtes venu me faire sur la terre étrangère, et vous dire tout le plaisir que j'ai éprouvé à vous recevoir et à vous entretenir des grands intérêts de l'avenir.

En me trouvant avec vous en parfaite conformité d'opinion et de sentiments, je suis heureux de voir que la ligne de conduite que j'ai adoptée dans l'exil et la position que j'ai prise, sont en tous points conformes aux

conseils que j'ai voulu demander à votre longue expérience et à vos lu-
mières.

Je marcherai donc avec encore plus de confiance et de fermeté dans la
voie que je me suis tracée.

Plus heureux que moi, vous allez revoir notre chère patrie. Dites à
la France tout ce qu'il y a dans mon cœur d'amour pour elle. J'aime à
prendre pour mon interprète cette voix si chère à la France, et qui a si
glorieusement défendu, dans tous les temps, les *principes monarchiques
et les libertés nationales.*

HENRI.

Ce langage fit tressaillir d'admiration la France royaliste. Le
3 juin, le fils aîné de Charles X termina sa vie. Le comte de Chambord adressa aux cours d'Europe la notification qui suit :

Devenu, par la mort de M. le comte de Marnes, chef de la Maison de
Bourbon, je regarde comme un devoir de protester contre le change-
ment qui a été introduit dans l'ordre de légitime succession à la couronne,
et je déclare que je ne renoncerai jamais aux droits que, d'après les
anciennes lois françaises, je tiens de ma naissance. Ces droits sont liés à
de grands devoirs, qu'avec la grâce de Dieu, je saurai remplir. Toutefois
je ne veux les exercer que lorsque, dans ma convictiou, la Providence
m'appellera à être véritablement utile à la France.

Jusqu'à cette époque, mon intention est de ne prendre, dans l'exil où je
suis forcé de vivre, que le nom de comte de Chambord ; c'est celui que j'ai
adopté en sortant de France, je désire le conserver dans mes relations
avec les Cours.

Le 16 novembre 1846, le comte de Chambord épousait, à Graëtz,
Marie-Thérèse-Béatrix-Gaëtane, sœur du duc de Modéne et archi-
dnchesse d'Autriche, princesse douée d'éminentes vertus.

Ce mariage donna occasion au comte de Chambord de répandre
d'abondantes largesses. Rien de plus touchant que la lettre qu'il
envoya à M. de Pastoret, avec vingt mille francs pour les pauvres
de Paris.

Frohsdorff, le 28 octobre, 1846.

Monsieur le Marquis de Pastoret, je désire qu'à l'occasion de mon
mariage, les pauvres aient part à la joie que m'inspire cette nouvelle preuve
de la protection du ciel sur ma famille et sur moi ; et il me paraît que ceux
de Paris ont un droit particulier à mon intérêt, car je n'oublie pas que
c'est dans cette ville que je suis né et que j'ai passé les premières années
de ma vie. Je m'empresse, en conséquence, de vous annoncer que je mets
à votre disposition une somme de vingt mille francs que je vous charge
de distribuer.

. Dans la répartition de ce secours, vous n'aurez égard à aucune autre considération qu'à celle des besoins et de la position plus ou moins malheureuse de chacun.... Je n'ai qu'un seul regret : c'est de ne pouvoir pas donner davantage... Je suis sûr que mes amis sentiront comme moi la nécessité de s'imposer de nouveaux sacrifices et de rendre leurs aumônes plus abondantes que jamais. Ils ne peuvent rien faire qui me soit plus agréable...

HENRI.

Ne reconnait-on pas à ce langage le véritable ami du peuple. Quel bonheur ne serait-ce pas si nous pouvions avoir comme chef un homme si compatissant et si dévoué aux malheureux !

Le temps marchait. Le jour vint où la France laissa éclater son dédain pour la dynastie de rencontre qui la gouvernait, et cette dynastie fut ensevelie dans la « *Révo lution du mépris* ».

Espérons que ceux que la foudre a frappés de la sorte ne ressusciteront plus. D'ailleurs, le républicain ne peut aimer un orléaniste, le légitimiste l'a en horreur, et le peuple, des deux côtés, n'en veut pas.

Rouge ou blanc, il n'y a pas de milieu. Notre pays ne se relèvera jamais par des expédients et des demi-mesures.

Les journées de février 1848, en le renversant, châtièrent Louis-Philippe, l'homme qui avait écrit solennellement ces paroles :

Jamais je ne porterai de couronne, tant que le droit de ma naissance et l'ordre de succession ne m'y appelleront pas ; jamais je ne me souillerai en m'appropriant ce qui appartient à un autre. (Lettre du 6 juillet 1808.)

Le comte de Chambord apprit à Venise, où il était alors auprès de sa mère, le coup de foudre de février 1848.

La malveillance lui prêta une déclaration absurde. Il la déclara apocryphe dans la lettre suivante :

Frohsdorff, le 1er juin 1848.

Je viens, monsieur, de lire la prétendue lettre adressée par moi au Président de l'Assemblée Nationale, imprimée et publiée à Paris le 18 mai dernier. Je sais aussi qu'il a été répandu plusieurs autres lettres qui tendraient à faire croire que j'ai renoncé au doux espoir de revoir ma chère patrie. Aucune de ces lettres n'est de moi.

Ce qu'il y a de vrai, c'est mon amour pour la France, c'est le sentiment profond que *j'ai de ses droits, de ses intérêts, de ses besoins dans les temps actuels*; c'est la disposition où je suis de me dévouer tout entier, de me sacrifier à elle, si la Providence me juge digne de cette noble et sainte mission.

Français avant tout, je n'ai jamais souffert, je ne souffrirai jamais que mon nom soit prononcé lorsqu'il ne pourrait être qu'une cause de division et de trouble. Mais si les espérances du pays sont encore une fois trompées, si la France, lasse enfin de ces expériences qui n'aboutissent qu'à la tenir perpétuellement suspendue sur un abîme, tourne vers moi ses regards et prononce elle-même mon nom comme un gage de sécurité et de salut, comme la garantie véritable des droits et de la liberté de tous, qu'elle se souvienne alors que mon cœur, que ma vie, que tout est à elle, et qu'elle peut toujours compter sur moi.

HENRI

Le comte de Chambord fut dans la désolation, en apprenant le récit des luttes fratricides des journées de Juin et « la mort de tant d'hommes honorables et distingués dans la garde nationale et dans l'armée. »

La République de 1848, placée entre l'anarchie des violents et les influences monarchistes, ne devait pas tarder à disparaître.

Le comte de Chambord put croire un moment à son avénement.

Le parti légitimiste était alors divisé en deux camps : les partisans de la *Rue de Poitiers* et ceux du Droit national. On accusait ces derniers d'indiscipline et d'être enclins à la précipitation. Disons d'abord que le seul vrai légitimiste est le partisan du Droit national. Homme populaire, homme de libertés et de progrès, homme d'action et de cœur, le partisan du Droit national peut seul faire vibrer la fibre populaire et arriver au succès. Le partisan de la Rue de Poitiers est un arriéré. ouvrier insensé de la fusion et des compromis absurdes.

Depuis quand un droit fusionne-t-il avec le non droit, la vérité avec le mensonge, le volé avec le voleur ?

Fusion signifie *alliage, assimilation*, cela est moralement, logiquement, politiquement impossible à réaliser.

La faction d'Orléans ne peut être qu'aux pieds du chef de la famille des Bourbons, sollicitant le pardon.

Les d'Orléans ne seront jamais par le droit l'égal de leur Maître.

Les arriérés de la Rue de Poitiers, barriolés d'orléanisme, perdirent la cause de la Royauté par leur indécision stupide, et le Prince Napoléon, qui était déjà président de la République, fit le coup d'Etat du 2 décembre.

Il ne restait plus au comte de Chambord, victime de l'incurie de ses faux amis, en présence de l'usurpation, qu'à protester, c'est ce qu'il fit par le mémorable document qui suit :

Frohsdorff, 25 décembre 1852.

Français ! En présence des épreuves de ma patrie, je me suis volontairement condamné à l'inaction et au silence. Je ne me pardonnerais pas d'avoir pu un seul moment aggraver ses embarras et ses périls. Séparé de la France, elle m'est chère et sacrée autant et plus encore que si je ne l'avais jamais quittée. J'ignore s'il me sera donné de servir un jour mon pays ; mais je suis bien sûr qu'il n'aura pas à me reprocher la moindre atteinte à sa prospérité et à son repos. C'est son honneur comme le mien, c'est le soin de son avenir, c'est mon devoir envers lui, qui me décident à élever aujourd'hui la voix.

Français ! Vous voulez la monarchie, vous avez reconnu qu'elle seule peut vous rendre, avec un gouvernement régulier et stable, cette sécurité de tous les droits, cette garantie de tous les intérêts, cet accord permanent d'une autorité forte et d'une sage liberté, qui fondent et assurent le bonheur des nations. Ne vous livrez pas à des illusions qui, tôt ou tard, vous seraient funestes. Le nouvel empire qu'on vous propose ne saurait être cette monarchie tempérée et durable dont vous attendez tous ces biens. — On se trompe et on vous trompe, quand on vous les promet en son nom. La monarchie véritable, la monarchie traditionnelle, appuyée sur le droit héréditaire et consacrée par le temps, peut seule nous remettre en possession de ces précieux avantages et vous en faire jouir à jamais.

Le génie et la gloire de Napoléon n'ont pu suffire à fonder rien de stable ; son nom et son souvenir y suffiraient bien moins encore. On ne rétablit pas la sécurité en ébranlant le principe sur lequel repose le trône, et on ne consolide pas tous les droits en méconnaissant celui qui est parmi nous la base nécessaire de l'ordre monarchique. La monarchie en France, c'est la maison royale de France indissolublement unie à la nation. Mes pères et les vôtres ont traversé les siècles, travaillant de concert, selon les mœurs et les besoins du temps, au développement de notre belle patrie. Pendant quatorze cents ans, seuls entre tous les peuples de l'Europe, les Français ont toujours eu à leur tête des princes de leur nation et de leur sang. L'histoire de mes ancêtres est l'histoire de la grandeur progressive de la France, et c'est encore la monarchie qui l'a dotée de cette conquête d'Alger, si riche d'avenir, si riche déjà par les hautes renommées militaires qu'elle a créées et dont la gloire s'ajoute à toutes vos gloires.

Quels que soient sur vous et sur moi les desseins de Dieu, resté chef de l'antique race de nos rois, héritier de cette longue suite de monarques, qui, durant tant de siècles, ont incessamment accru et fait respecter la puissance et la fortune de la France, je me dois à moi-même, je dois à ma famille et à ma patrie, de protester encor contre des combinaisons mensongères et pleines de dangers.

Je maintiens donc mon droit, qui est le plus sûr garant des vôtres, et prenant Dieu à témoin, je déclare à la France et au monde que, fidèle aux lois du royaume et aux traditions de mes aïeux, je conserverai jusqu'à mon dernier soupir le dépôt de la monarchie héréditaire dont la Providence m'a confié la garde, et qui est l'unique port de salut où, après tant d'orages, cette France, objet de mon amour, pourra retrouver enfin le repos et le bonheur.

HENRI.

Quelle sublimité de langage ! quelle saine appréciation du passé ! quelle vue de l'avenir ! On reste confondu en relisant avec attention les écrits du prince.

A partir du jour où Napoléon s'empara du trône par le coup d'Etat du 2 décembre, la vie du comte de Chambord jusqu'à nos jours, se résume en trois mots, observer, faire le bien et attendre.

Pendant ces dix-huit ans de scandales, de prodigalités, de stupidités, dont le résultat final a été la fatale guerre de 1870 et les désastres qu'elle a amenés, le comte de Chambord voyagea pour s'instruire, et signala, dans diverses lettres à ses amis politiques, les points noirs qui ne devaient pas tarder à se transformer en orages effrayants pour notre chère patrie.

Tout le monde connaît les dix-huit ans d'Empire. Les plaies profondes qu'il a faites à la France sont encore trop douloureuses et trop vives pour qu'il nous soit possible de les oublier et permis de les renouveler. Éloignons-nous des cadavres.

L'Empire, digne corollaire de la Révolution de 1830, nous a conduits au 4 septembre et à cette insurrection sans exemple dans les annales d'aucun peuple.

Toutes les désolations de la patrie ont retenti dans le cœur d'Henri de France, comme le montrent sa protestation contre le bombardement de Paris par Guillaume le Sanguinaire et sa lettre à un député sur les désastres et l'incendie de la même ville.

La loi de proscription qui fermait à Henri de France les portes de la patrie étant rapportée, l'héritier de nos rois est venu visiter cette terre que ses ancêtres avaient faite si grande, si glorieuse et qu'il trouve humiliée et amoindrie. Il a fait un appel au peuple français et a parlé un langage que nous n'étions plus habitués à entendre. Il est bon que le peuple relise ce document et profite de cet enseignement salutaire pour trouver un remède aux malheurs du pays.

Chambord, 5 juillet 1871.

Français,

« Je suis au milieu de vous. Vous m'avez ouvert les portes de la France, et je n'ai pu me refuser le bonheur de revoir ma patrie. Mais je ne veux pas donner, par ma présence prolongée, de nouveaux prétextes à l'agitation des esprits si troublés en ce moment. Je quitte donc ce Chambord que vous m'avez donné, et dont j'ai porté le nom avec fierté, depuis quarante ans, sur les chemins de l'exil.

En m'éloignant, je tiens à vous le dire, je ne me sépare pas de vous, la France sait que je lui appartiens.

Je ne puis oublier que le droit monarchique est le patrimoine de la nation, ni décliner les devoirs qu'il m'impose envers elle. Ces devoirs je les remplirai, croyez en ma parole d'honnête homme et de roi.

Dieu aidant, nous fonderons ensemble et quand vous le voudrez, sur les larges assises de la décentralisation administrative et des franchises locales, un gouvernement conforme aux besoins réels du pays.

Nous donnerons pour garantie à ces libertés publiques auxquelles tout peuple chrétien a droit, le suffrage universel honnêtement pratiqué et le contrôle des deux Chambres, et nous reprendrons, en lui restituant son caractère véritable, le mouvement national de la fin du dernier siècle. Une minorité révoltée contre les vœux du pays a fait le point de départ d'une période de démoralisation par le mensonge et dè désorganisation par la violence. Ses criminels attentats ont imposé la Révolution à une nation qui ne demandait que des réformes, et l'ont dès lors poussée vers l'abîme, où hier elle eût péri, sans l'héroïque effort de notre armée. — Ce sont les classes laborieuses, ces ouvriers des champs et des villes, dont le sort a fait l'objet de mes plus vives préoccupations et de mes plus chères études, qui ont le plus souffert de ce désordre social.

Mais la France, cruellement désabusée par des désastres sans exemple, comprendra qu'on ne revient pas à la vérité en changeant d'erreur, qu'on n'échappe pas par des expédients à des nécessités éternelles.

Elle m'appellera, et je viendrai à elle tout entier, avec mon dévouement, mon principe et mon drapeau. A l'occasion de ce drapeau, on a parlé de conditions que je ne dois pas subir.

Français !

Je suis prêt à tout, pour aider mon pays à se relever de ses ruines et à reprendre son rang dans le monde, le seul sacrifice que je ne puisse lui faire, c'est celui de mon honneur.

Je suis et je veux être de mon temps ; je rends un sincère hommage à toutes ses grandeurs et quelle que fût la couleur du drapeau sous lequel marchaient nos soldats, j'ai admiré leur héroïsme et rendu grâces à Dieu de tout ce que leur bravoure ajoutait au trésor des gloires de la France. Entre vous et moi, il ne doit subsister ni malentendu, ni arrière-pensée. Non, je ne laisserai pas, parce que l'ignorance ou la crédulité auront parlé de privilège, d'absolutisme et d'intolérance, que sais-je encore? de dîme, de droits féodaux, fantômes que la plus audacieuse mauvaise foi essaie de ressusciter à vos yeux. Je ne laisserai pas arracher de mes mains l'étendard d'Henri IV, de François Ier et de Jeanne d'Arc. C'est avec lui que s'est faite l'unité nationale, c'est avec lui que vos pères, conduits par les miens, ont conquis cette Alsace et cette Lorraine dont la fidélité sera la consolation de nos malheurs.

Il a vaincu la Barbarie sur cette terre d'Afrique, témoin des premiers faits d'armes des princes de ma famille, c'est lui qui vaincra la Barbarie nouvelle dont le monde est menacé.

Je le confierai sans crainte à la vaillance de notre armée ; il n'a jamais suivi, elle le sait, que le chemin de l'honneur.

Je l'ai reçu comme un dépôt sacré du vieux Roi, mon aïeul, mourant en exil ; il a toujours été pour moi inséparable du souvenir de la patrie absente ; il a flotté sur mon berceau, je veux qu'il ombrage ma tombe.

Dans les plis glorieux de cet étendard sans tache, je vous apporterai l'ordre et la liberté.

Français,

Henri V ne peut abandonner le drapeau blanc d'Henri IV.

HENRI.

Il y a dans ce manifeste une sublimité inconnue de nos jours. La Révolution a voulu insinuer qu'Henri V songeait à abdiquer. Le prince a écrit alors sa déclaration du 22 janvier 1872, où il dit :

Je n'abdiquerai jamais, je ne laisserai pas porter atteinte, après l'avoir conservé intact pendant quarante ans, au principe monarchique, le patrimoine de la France, dernier espoir de ses grandeurs et de ses libertés... Rien n'ébranlera ma résolution, rien ne lassera ma patience ; et personne, sous aucun prétexte, n'obtiendra de moi que je consente à devenir le roi légitime de la Révolution.

Les ennemis du pays ont agité, aux yeux des populations, le spectre de la dîme, des droits féodaux, du règne des nobles et des curés. Le prince rassure encore le peuple dans sa lettre du 19 septembre 1873 à **M. Rodez.**

En être réduit, dit-il, en 1873, à évoquer le fantôme de la dîme, des droits féodaux, de l'intolérance religieuse, de la persécution contre nos frères égarés ; que vous dirais-je encore, de la guerre follement entreprise dans des conditions impossibles, du gouvernement des prêtres, de la prééminence des classes privilégiées ! vous avouerez qu'on ne peut pas répondre sérieusement à des choses si peu sérieuses. A quels mensonges la mauvaise foi n'a-t-elle pas recours lorsqu'il s'agit d'exploiter la crédulité publique !... Appliquez-vous surtout à faire appel au dévouement de tous les honnêtes gens, sur le terrain de la reconstitution sociale. Vous savez que je ne suis point un parti : j'ai besoin du concours de tous et tous ont besoin de moi.

La France, pour la troisième fois, fait la triste épreuve de la

République, gouvernement qui ne convient ni à nos mœurs, ni à notre prospérité, ni à notre gloire.

Un moment nous avons cru que le terme de nos malheurs allait arriver.

Le comte de Chambord, ne voulant rien obtenir par la surprise et ne laisser dans son HONNÊTETÉ subsister aucun malentendu, a écrit à M. Chesnelong la lettre suivante, qui lui a valu l'estime et l'admiration de ses ennemis eux-mêmes :

Salzbourg, 27 octobre 1873.

J'ai conservé, Monsieur, de votre visite à Salzbourg, un si bon souvenir, j'ai conçu pour votre noble caractère une si profonde estime, que je n'hésite pas à m'adresser loyalement à vous, comme vous êtes venu loyalement à moi. Vous m'avez entretenu, durant de longues heures, des destinées de notre chère et aimée patrie, et je sais que, au retour, vous avez prononcé, au milieu de vos collègues, des paroles qui vous vaudront mon éternelle reconnaissance.

Je vous remercie d'avoir si bien compris les angoisses de mon âme, de n'avoir rien caché de l'inébranlable fermeté de mes résolutions. Aussi je ne me suis point ému quand l'opinion publique, emportée par un courant que je déplore, a prétendu que je consentais enfin à devenir le roi légitime de la Révolution. J'avais pour garant le témoignage d'un homme de cœur, et j'étais résolu à garder le silence, tant qu'on ne me forcerait pas à faire appel à votre loyauté, mais puisque, malgré vos efforts, les malentendus s'accumulent, cherchant à rendre obscure ma politique à ciel ouvert, je dois toute la vérité à ce pays dont je puis être méconnu, mais qui rend hommage à ma sincérité, parce qu'il sait que je ne l'ai jamais trompé et que je ne le tromperai jamais.

On me demande aujourd'hui le sacrifice de mon honneur ? Que puis-je répondre ? Sinon que je ne rétracte rien et ne retranche rien de mes précédentes déclarations. Les prétentions de la veille, me donnent la mesure des exigences du lendemain et je ne puis consentir à inaugurer un règne réparateur et fort par un acte de faiblesse.

Il est de mode d'opposer à la fermeté d'Henri V l'habileté d'Henri IV. « Le violent amour que je porte à mes sujets, disait-il, me rend tout possible et honorable. » Je prétends sur ce point ne lui céder en rien, mais je voudrais bien savoir quelle leçon se fut attirée l'imprudent assez osé pour lui persuader de renier l'étendard d'Arques et d'Ivry !

Vous appartenez, Monsieur, à la province qui l'a vu naître, vous serez comme moi d'avis qu'il eut promptement désarmé l'interlocuteur en lui disant avec sa verve béarnaise : « Mon ami, prenez mon drapeau blanc, il vous conduira toujours au chemin de l'honneur et de la victoire. »

On m'accuse de ne pas tenir en assez haute estime la valeur de nos soldats, et cela au moment où je n'aspire qu'à leur confier tout ce que j'ai de plus cher. On oublie donc que l'honneur est le patrimoine commun de la maison de Bourbon et de l'armée française et que, sur ce terrain-là, on ne peut manquer de s'entendre.

Non, je ne méconnais aucune des gloires de ma patrie, et Dieu seul, au fond de mon exil, a vu couler mes larmes de reconnaissance toutes les fois. que, dans la bonne ou dans la mauvaise fortune, les enfants de la France se sont montrés dignes d'elle. Mais nous avons ensemble une grande œuvre à accomplir. Je suis prêt, tout prêt à l'entreprendre quand on le voudra, dès demain, dès ce soir, dès ce moment. C'est pourquoi je veux rester ce que je suis. Amoindri aujourd'hui, je serais impuissant demain.

Il ne s'agit de rien moins que de constituer sur ces bases naturelles la société profondément troublée, d'assurer avec énergie le règne de la loi, de faire renaître la prospérité au dedans, de contracter au dehors des alliances durables, surtout de ne pas craindre d'employer la force au service de l'ordre et de la justice.

On parle de condition ? M'en a-t-il posé ce jeune prince dont j'ai ressenti avec tant de bonheur la loyale étreinte, et qui, n'écoutant que son patriotisme, venait spontanément à moi, m'apportant au nom de tous les siens, des assurances de paix et de réconciliation ?

On veut des garanties ?... En a-t-on demandé à ce Bayard des temps modernes, dans cette nuit mémorable du 24 mai, où l'on imposait à sa modestie la glorieuse mission de calmer son pays par une de ses paroles d'honnête homme et de soldat qui rassurent les bons et font trembler les méchants ? Je n'ai pas, c'est vrai, porté comme lui l'épée de la France sur vingt champs de bataille, mais j'ai conservé intact pendant quarante-trois ans, le dépôt sacré de nos traditions et de nos libertés. J'ai donc le droit de compter sur la même sécurité. Ma personne n'est rien, mon principe est tout.

La France verra la fin de ses épreuves quand elle le voudra. Je suis le pilote nécessaire, le seul capable de conduire le navire au port, parce que j'ai mission et autorité pour cela.

Vous pouvez beaucoup, Monsieur, pour dissiper les malentendus, arrêter les défaillances au moment de la lutte. Vos consolantes paroles en quittant Salzbourg sont sans cesse présentes à ma pensée. La France ne peut pas périr, car Dieu aime encor ses Francs, et, lorsque Dieu a résolu de sauver un peuple, il veille à ce que le sceptre de la justice ne soit remis qu'en des mains assez fermes pour le porter.

HENRI.

Il ne nous est pas permis de scruter les défaillances qui se sont produites après cette lettre. Le sujet est encore trop brûlant. Au moment de toucher au port, la barque qui portait le bonheur de la France a été rejetée au loin.

Où allons nous ? Le commerce languit, l'industrie se meurt, le peuple souffre, la misère harcèle l'ouvrier des villes et des campagnes, la France perd chaque jour de son influence et de sa grandeur, et cela pourquoi ?.....

Pour nous, partisans sincères d'Henri V, soyons fiers de notre chef. Son honnêteté nous honore, et sa loyauté nous grandit.

Courage donc, pas de tristesse, pas de défaillance, surtout pas d'alliance avec l'Orléanisme et le Bonapartisme, les deux arbres issus de la Révolution, et causes de tous nos malheurs. Toutes les combinaisons des habiles seront frappées de stérilité. Il faut quand même que l'*heure de Dieu arrive* pour le bien de la France.

Croyez-le bien, nous a-t-il dit, je serai appelé, non seulement parce que je suis le droit, mais parceque je suis l'ordre, parce que je suis le fondé de pouvoir nécessaire pour remettre en sa place ce qui n'y est pas, et gouverner avec la justice et les lois, dans le but de réparer les maux du passé et de préparer enfin un avenir.

Je ne suis point un parti et je ne veux pas revenir pour régner par un parti. Je n'ai ni injure à venger, ni ennemis à écarter, ni fortune à refaire, sauf celle de la France, et je puis choisir partout les ouvriers qui voudront loyalement s'associer à ce grand ouvrage.

Hommes d'ordre, ouvriers laborieux des villes et des campagnes, soyons des hommes d'énergie, de propagande et de cœur, et de meilleurs jours viendront pour notre chère France.

Hâtons, par nos efforts, le jour heureux de la venue de notre Roi, car ce jour sera un immense bonheur pour tous.